HABITACIÓN PERSONA SOLA

OMAR CASTRO VILLALOBOS

HABITACIÓN PERSONA SOLA

XXXVII Premio Internacional de Poesía
Fundación Loewe a la Creación Joven

VISOR LIBROS

VOLUMEN MCCLXIII DE LA COLECCIÓN VISOR DE POESÍA

Los miembros del jurado fueron: Víctor García de la Concha (Presidente), Gioconda Belli, Antonio Colinas, Aurora Egido, Juan Antonio González-Iglesias, Raquel Lanseros, María Negroni, Carme Riera, Jaime Siles, Luis Antonio de Villena y Diego Roel (ganador de la anterior convocatoria).

Isaac Peral, 18 - 28015 Madrid
www.visor-libros.com

ISBN: 978-84-9895-609-2
Depósito Legal: M-4506-2025

Impreso en España - Printed in Spain
Gráficas Muriel. C/ Investigación, n.º 9. P. I. Los Olivos - 28906 Getafe (Madrid)

home is where I want to be
but I guess I'm already there

TALKING HEADS

///

las siguientes líneas se abren como una pared en la que se proyecta la siguiente imagen: un corredor en fuga central con puertas a cada lado y un muro en el otro extremo con una pequeña ventana. el cielo se abre a través de ella. es blanco como el pasillo. blanco como la habitación que ocupamos y desde la que vemos esta imagen. blanco como las habitaciones a las que dan dichas puertas.

UN ESPACIO CUALQUIERA

I

cuatro paredes blancas pueden envolver un espacio
    cualquiera
        un comedor
        una cocina
        un depósito
        una habitación

incluso
una casa entera

II

puede que sea obvio:
una habitación no es un espacio cualquiera

por ejemplo
aquí en lima es junio
es un mes frío y todavía no empieza el invierno

> (yo me pregunto si te gustaría la luz
> la luz que atraviesa la cortina
> a las cinco de mañana
> si te harías sombra con las palmas
> o si contendrían una carcajada)

III

me hice amante de la cotidianidad
como si la cotidianidad fuese cotidiana:

para poner la mesa
contar los segundos que restan al semáforo
para cruzar la calle
respirar el aliento de cada árbol
para avanzar con ramas de culantro y tomates en los brazos
pensar en el frío, la humedad y los microclimas

pensar en lima

para alquilar una casa
ganar el sueldo más alto de latinoamérica[1]

para 745 sueldos mínimos
para 62 años de trabajo
una casa de 100 metros cuadrados[2]

---

[1] *Gestión* (2019). *¿Cuánto debe ganar para arrendar un inmueble y vivir cómodamente en Lima?* 23 de julio.
https://gestion.pe/tu-dinero/inmobiliarias/debe-ganar-arrendar-inmueble-vivir-comodamente-lima-nndc-273857-noticia/?ref=gesr

[2] Osorio, S. (2023). *¿Cuántos salarios mínimos se necesitan para comprar una vivienda de 100 m^2 en Latam?* 11 de abril.

IV

insisto
una habitación no es un espacio cualquiera
    perec decía
    en la habitación están los cuerpos extenuados[3]

y una habitación
tiene condiciones específicas:
    materiales
    metereológicas
    proxémicas

        yo quiero hablar de una habitación
        de una habitación en lima

---

https://www.bloomberglinea.com/2023/04/11/cuantos-salarios-minimos-se-necesitan-para-comprar-una-vivienda-de-100-m2-en-latam/

[3] Perec, G. (2001). *Especies de espacios.* Montesinos, Barcelona.

HABITACIÓN PERSONA SOLA[4]

alquilo habitaciones
alquilo habitaciones unipersonales
habitaciones confortables
habitaciones cómodas y acogedoras
acogedoras habitaciones
ofrezco un ambiente acogedor limpio y seguro   libre
    de alcohol drogas y escándalos

no se puede cocinar dentro de la habitación
        si deseas cocinar puedes hacerlo en tu habitación
            con tu cocina a gas

no mascotas   ojo tengo mascotas
incluye agua y luz basico   prohibido lavadora

solo habitación solo llamadas solo varones
habitación para personas solas
se alquila habitación para persona sola
para mujeres solas o estudiantes
para estudiantes y/o trabajadores
para estudiantes militares   persona sola

[4] Texto construido a partir de frases de anuncios de alquileres de habitaciones en Lima en la plataforma Marketplace, de Facebook.

habitación para persona sola que trabaje
habitación funcional
3.er piso (persona sola) baño compartido excelente
    ubicación
        es bien ventilada las ventanas dan a la calle

habitaciones tranquilidad comodidad y seguridad
garant   persona sola
            cuenta con cámaras de seguridad
            4 camaras de seguridad y tranqueras
habitación amplia baño propio entrada independiente
acceso independiente   seguridad y tranquilidad
                         dirigido para personas
                         tranquilas y educadas
                         personas tranquilas puntuales
                         en el pago del alquiler y
                         servicios
                         personas serias

cuarto en alquiler estreno
amoblado   con cama y ventilador precio aparte

amoblado y ya paso toda la inspección de la
    municipalidad indeci y defensa civil

              la licencia de funcionamiento esta en tramite
        alquilamos y vendemos modulos y contenedores
           acondicionados para oficina campamento y todo
           lo que usted necesite

se comparte el baño con 2 habitaciones
es sumamente limpio

mes adelantado sin garantía
2 meses de garantía y un mes de adelanto
2 meses de adelanto no pido garantía
3 habitaciones 3 baños casa
4 habitaciones 4 baños solo habitación
6 habitaciones 2 baños casa
18 habitaciones 20 baños solo habitación

alquilo habitación (persona sola)
en plena avenida cerca a panaderos universidades
movilidad para todo lima

para más información por privado

UNA HABITACIÓN BLANCA

no haber visto nunca el cielo
significa solamente
no tener dinero
ni para los anteojos

JORGE EDUARDO EIELSON

I

no ver el cielo después de un sueño
no significa no quererlo
pero despertar
despertar y ver una pared blanca
        blanca a la vez misma en ese mismo
        instante blanca
        como ese cielo nublado
    o blanca como
            ciento cuarenta mil hogares
            buscando una casa
para despertar
y mirar en ese mismo
instante un techo
        de cemento (*42,8%*)
        de calamina o fibra de cemento (*39,2%*)
        de tejas (*7,8%*)

de caña o esteras (*3,4%*)
de paja u hojas de palmeras (*2,9%*)
de madera (*2%*)
de triplay o carrizo (*1,9%*)[5]
un techo
para despertar
y contar luego
las cuatro paredes de una casa
el cielo a través de una ventana
un sofá cómodo en la sala
y el mar a una razonable distancia
(para volver a dormir contar
cuarenta mil casas)
o tan solo contar
las cuatro paredes blancas
ah las cuatro paredes albicantes[6]

de una habitación en lima

[5] Instituto Nacional de Estadística e Informática (INEI) (2017). *Perú: características de las viviendas particulares y los hogares* https://www.inei.gob.pe/media/MenuRecursivo/publicaciones_digitales/Est/Lib1538/Libro.pdf

[6] Vallejo, C. (2016). *Trilce (1922).* Academia Peruana de la Lengua, Lima.

II

para despertar
despertar tres veces cada noche
    para orinar tres veces

        estirarse y ver la hora en la pantalla
        ponerse de pie
        y de pie sentir los pies en el suelo

para ver por la ventana
abrir las cortinas
para ver la pared vecina

                preguntarse si con algo más de dinero
                vería por esta ventana el cielo

            sentir el frío del suelo
            y la presión en la vejiga de nuevo

    orinar y sentir
        la boca seca y el hambre
        lavarse la cara los dientes
        frotarse el vientre

preguntarse si detrás de aquel fondo
blanco
habría aves
o acaso una mancha roja

para volver a la habitación
ver por la ventana
para ver por un instante
aquella pared vecina
aquella pared tan cotidiana
como un cotidiano paisaje
tan rojo
como los girasoles de van gogh
tan blanca la pared
como el cielo nublado

para terminar de despertarse
sacudir los pantalones las sábanas
y la imagen del cielo
para detenerse frente al espejo
apurarse y salir

III

para descansar
volver a la habitación cada noche
adentro el cielo del día

para descansar
exhalar ese cielo
y volverse a él
a su textura a tela blanca
a su gusto a sal
y a partículas de agua
a polen y aves
a polvo
a hollín y metal
a escombros
a desagüe a cielo abierto
a estiércol
a aliento
a cansancio
y a sueño

para dormir
tomar ese cielo
ese cielo nublado y blanco
ese cielo ajado

contenido
ese cielo multiplicado
    tres veces cielo
ese cielo tercermundista
ese cielo tercerizado

para dormir
echarse con él a la cama
hacerlo un abrigo
y arroparse el cuerpo

IV

para vivir
solo
en una habitación
en lima
para llegar tarde
para descansar
en ella
para pagar por esa habitación
y su mínimo acondicionamiento:
        una cama y un detector de humo
trabajar por ese privilegio
y por el de cocinar con hambre

        ah   *trabajar cansa*[7]

[7] Pavese, C. (1934). *Trabajar cansa.* Visor, Madrid.

PODRÍAMOS SER AVES

i'm just an animal looking for a home

TALKING HEADS

podríamos ser aves y volar sobre el mar
ver desde el cielo la costa   curva cardiograma o camisa
  arrugada
o acercarnos a su arrullo
deslizar sobre su superficie un dedo en una espalda
  desnuda
y en un espasmo volvernos a la procesión de nubes
          diría cristina peri[8]
goteando nuestras membranas cretácicas la sal
  pluvial
    sobre las olas
    sobre las piedras
    sobre el cemento pulido
o soñar con un nidito cerca a la playa
          arriba una azotea de mayólicas frescas
            como una orilla
          en la que se estiran a tomar sol dos perros
          mientras el conejo malo canta

---

[8] Peri Rossi, C. (2001). «Proyectos». *Diáspora.* Lumen, Barcelona.

no hay nada mal estamos bien está todo bien[9]
y en las barandas azules se posan albatros y
gaviotas
para volar luego
lejos de deudas alquileres
especulación inmobiliaria créditos
bancarios
o recibos por honorarios

lejos de eso
podríamos
un día
sencillamente
plegar nuestras alas
silbar una canción
caminar por una calle
y como dos animales
pararnos frente a la puerta de su propia casa
lejos caminar a la playa ver el mar regresar descalzxs y
sacudir de arena
bolsillos y sábanas
o enredarnos en ellas
un ratito más
miamor
tan cansadxs

o retorcernos en este catre amarillo
en esta piel áspera

---

[9] Bad Bunny (2018). «Estamos bien». *X 100pre.* Rimas Entertainment.

o despertar
preguntándonos de nuevo
si es el cielo lo que vemos
o es la sucia espalda blanca de un edificio vecino

NO CUELGAS NADA EN LAS PAREDES

una habitación puede ser un signo de
estabilidad económica
de independencia intimidad
resguardo soledad
de una persona que se ha ido y otra que llega
abre una maleta desarma una caja y dice
corazón aquí está tu medicina
tu lugar seguro

te quedas dormido tan pronto
que no puedo evitar preguntarte
por qué no cuelgas nada en las paredes

quiero decir
es tan fácil abrir el cajón de la mesa de noche y sacar ese
par de animales
dos lagartos
y colocarlos en mi pecho

es que duermo desnudo en verano
para dormir
cuento los vellos
en mi pecho
en las aréolas

en verano
esos dos lagartos afilan sus garras
en las paredes
es verano
y abril
y no hay pared que quiera reparar luego

quiero decir
en la intimidad   la burguesía inventó la intimidad
como leonid kuprianóvich ingeniero soviétivo
fue precursor de la telefonía celular:

habitar significa dejar huellas
dice benjamin[10]

y yo solo quiero capturar una fotografía con los dedos
una fotografía
de nuestros pies sucios
lentos en la arena
o ver un rato más
las huellas de nuestros talones
en esa pared blanca

---

[10] Benjamin, W. (1935). *París, capital del siglo XIX*. Olañeta, Palma.

POST-SEX BLUES

la lentitud es belleza

BLANCA VARELA

una fotografía no extraña el movimiento
me decías mientras sostenías el celular

yo *acepto el duelo y la fiesta*[11]

como una habitación puede ser una
envoltura
la envoltura de una fiesta muda:
vestirse
ordenarse el cabello
y tomar un vaso de agua

el movimiento es belleza

o la envoltura de dos miradas
mirándose quietamente
de dos dedos
cuidando un respiro

---

[11] Varela, B. (2005). «Media voz». *Canto Villano.* Instituto Nacional de Cultura, Lima.

(quiero decir:
una fotografía es como una asfixia):

y la intimidad es un animal que nos hiere la boca
un animal delicado cada vez que se acomoda
sensible a la serenidad de cada arco abdominal

y una habitación puede ser su envoltura
de niebla blanca

ESTAMOS TODXS DANDO VUELTAS

de esta ciudad lo único que me gusta eres tú
me dijiste una mañana
luego te fuiste

quiero decir
hay jóvenes
que vivimos en el aire
tengo treinta años y pienso
el futuro es tan frágil como esta ciudad

(caminar en ella
es un estado de ánimo)

el viento habla:
estamos todxs dando vueltas
¿dónde vas a dormir mañana?

hoy la calle arde
como mi almohada
hiriente el día
tiene una sola hora
y me quema un sol

que da una luz blanca
blanca
como una catástrofe[12]

[12] Sartre, J. P. (1961). *Los caminos de la libertad III. La muerte en el alma.* Losada, Buenos Aires.

A DIEZ MIL CUATROCIENTOS CUARENTA Y CUATRO KILÓMETROS

quisiera decir que
diez mil cuatrocientos cuarenta y cuatro kilómetros
volaron mis palabras
para decir que
a diez mil cuatrocientos cuarenta y cuatro kilómetros
        o ciento treinta y siete millones sesenta mil
            trescientos sesenta y siete palmas
quisiera decir decía
que volaron todo eso
que se acomodaron primero   casi espontáneamente
en mi pantalla
que se resguardaron en un documento
que cruzaron el atlántico
        (¡cruzaron el atlántico!)
y que se precipitaron luego sobre el papel impreso
para decir que
a diez mil cuatrocientos cuarenta y cuatro kilómetros
        en lima
todo sigue igual
quiero decir
que el cielo vacila entre el bostezo de un sol blanco
y la modorra de una garúa infrecuente
que las aves dan vueltas en los parques

mientras lxs viandantes esquivan su estiércol
y que las olas   crash
lucen siempre plateadas cada mañana
quisiera decir eso decía
y que lo leyeras   allá
adonde volaste
pero estas palabras se quedaron
y sin dos cuerpos
ya no son mías
ni tuyas
son tan solo
palabras
y se quedaron aquí
conmigo
en esta habitación blanca

REFLEXIONES MIENTRAS LEVANTO UN BRAZO
(poema de amor)

a cambio de la barbarie
esta ciudad nos regala una fotografía
una fotografía de ella
a cambio de levantar un brazo
de la manera correcta

(cierta vez dije
      la noche es mi casa
      pero el día me consuela

      cada mañana levanto un brazo:
            me estiro
            deslizo un dedo en la pantalla del celular
            pongo las manos sobre el teclado
      y solo me queda
                        la noche   la noche   la noche   )

y una noche pasó una marcha cerca a la habitación en
    que dormíamos
tú me decías que la poesía es un acto de respiración y
    movimiento:
            un polvo o un ejercicio aeróbico

(del amor solo echo de menos
las confesiones postcoitales)

salimos a respirar el humo cuando se fue la policía

en la calle recogí una bandera
caminé solo con ella
toda la noche
te dejé
mi otra mitad

marché y vi
todas esas filas de casas
todas esas puertas cerradas
todos esos carteles que decían
todo es posible
por favor, mantenga la calma

a la mañana siguiente llegué a trabajar
no pude dormir
corazón

y no
no conozco la barbarie
apenas sé de una noche en vela
y de ataúdes que desfilan por mi costado
a una palma
con treinta años aprendí a contarlos con los dedos

además de ello
tengo un perro que teme al sonido de los buses

y al paso de los soldados
(desde mi cama escuchábamos la voz primera:
sin saber si volverán…)

pero «barbarie» es solo una palabra
igual que «lima»
(esto no sorprende a nadie)
con ella puedo comentar una imagen en mi celular
por ejemplo
la imagen de cuatro militares contemplando un cuerpo
inmóvil en el suelo
puedo añadir:
[ayacucho, 15 de diciembre de 2022]
un video capta el momento en que los manifestantes huyen de una ráfaga de disparos [de un contingente de soldados]
[…]
[clemer rojas, estudiante de mecánica automotriz de 22 años años] quedó tendido en el suelo: había recibido el impacto de un proyectil de arma de fuego en el tórax. una cámara de seguridad registró su traslado a las 3:23 de la tarde. rojas fue cargado por los manifestantes, quienes lo cargaron con dificultad hasta el grifo primax. ahí se encontraron con los disparos de una patrulla militar y dejaron el cuerpo de rojas[13]

puedo decir:
disparaban apuntando al cuerpo
¡esto es una barbarie!

---

[13] IDL-Reporteros (2023). *Ayacucho: radiografía de homicidios.* https://youtu.be/OJlEWGgz__4

y para barthes este sería un «mensaje parásito»[14]
pero lo que aquí parasita dice
el perú es ahora un país que está en calma y paz

con palabras
y con balas
reducen manifestantes

(esto no sorprende a nadie)

así me encontraron estos treinta años
en una habitación blanca
enfermo de cuerpo impoluto
no supe explicar nada

pero
me iré de lima
me dices
me iré de lima
un día que no soporte más su olor a mar
su tufo a civilización

(…*los manifestantes ya se van*
respondía el coro
y mi perro ladraba de nuevo)

pero me aburre un cielo sin nubes

¿de qué delirio está hecha la esperanza?

---

[14] Barthes, R. (1986). «El mensaje fotográfico». *Lo obvio y lo obtuso: imágenes, gestos, voces.* Paidós, Barcelona.

ah, sujeto histórico
del pasado
no recuerdo nada
así que cuéntamelo todo[15]

así he marchado
para levantar el brazo
toda la noche
esa es mi casa

[15] Calise, F. (2021). «29 de marzo». *Mientras te llamo diseño mi tumba.* Concreto Ediciones, Buenos Aires.

EL PAISAJE DE LIMA
(c. 2023)

creemos ser país
y la verdad es que somos apenas paisaje

NICANOR PARRA

en el paisaje de lima
hay mar
hay costa
ciento treinta kilómetros de costa
con arena
piedras
y un cielo poblado de nubes

casi todo el año
hay nubes
y nubes reflejadas en los vidrios de los edificios

(a los nueve veía un spot de una nueva marca de celulares:
había nubes reflejadas en los vidrios de los edificios
un cielo azul pálido
y viandantes cruzando la pantalla

coreográficamente
en un plano contrapicado

empezaba este siglo:
había democracia
desarrollo económico
una promesa de progreso
y celulares en las manos de aquellxs
viandantes
había además
una voz que cantaba
soy libre como el ave que escapó de su prisión
y puede al fin volar)[16]

hoy hay aves
aves que vuelan en las plazas y en los parques
y hay personas que les dan de comer
y personas que se reúnen en las plazas
en las calles

en lima
hay un callado policía en cada esquina
y nadie sabe lo que alberga en su negro
corazón secreto[17]

en las calles
hay motocicletas
hay autos

---

[16] Bravo, N. (1972). «Libre». *Mi tierra.* Polydor Records.
[17] Álvarez, M. (1991). *Zona dark,* Lima.

hay buses y
hay calor

hay calor
en las calles en verano
hay garúa
hay atardeceres embelesadores
y hay espaldas que humedecen los asientos de los buses

hay microclimas
hay islas de calor
y hay factores socioeconómicos que lo explican:
mientras que una manzana de miraflores estaba expuesta a 19,5°c
[…] *otra manzana de ate experimentaba 32,2°c de temperatura promedio en la superficie urbana*[18]

hay árboles
árboles que dan sombra
y hay aceras alfombradas por sus hojas

hay trabajadorxs de limpieza pública
trabajadorxs que barren las hojas de los árboles

---

[18] Montaño, F. (2024). *Temperaturas extremas: una guía para entender y estar preparados en estos sofocantes días.* https://ojo-publico.com/ambiente/calor-extremo-una-guia-para-estar-preparados-estos-sofocantes-dias

y reclaman ser incluídxs en una planilla
y hay policías
también uniformadxs
que lxs golpean cuando protestan

en lima
todo el año
hay aves
aves que vuelan
en las plazas y en los parques
        cantan en los árboles

además
en las plazas y en los parques
cada cierto tiempo
hay militares
y tanquetas
                vehículos pintados de blanco
                que acompañan a lxs manifestantes
                        (esto se ha vuelto parte del paisaje
                        y hay gente que está bien con eso:
                        hay nubes
                        pero la violencia no flota como ellas)

hay cosas que nacieron tras un golpe de estado
                jóvenes como yo, por ejemplo

        hay trabajo
        hay precariedad laboral
        hay edificios que se incendian y

hay nubes que salen por sus ventanas
nubes negras
y jóvenes que mueren asfixiados en ellas

hay nubes
nubes blancas de nuevo
nubes frente al mar
hay viandantes que se arraciman al atardecer
embelesadxs
con celulares en las manos
a verlas

en el paisaje de lima
hay un agradable clima subtropical
hay calor y
hay humedad

también hay desierto
y sobre él
hay expansión urbana
terrenos que se venden con la expectativa
de que algún día
tengan acceso a títulos pistas y agua
(*el motor de esta «urbanización generalizada»*
se encuentra en la reproducción de la pobreza
y no en la reproducción del empleo[19])

hay un río
un río que ciertos veranos arrastra casas

[19] Davis, M. (2005). *Planeta de ciudades miseria.* Akal, Madrid.

y hay un punto en el mar donde desemboca
en el que también
hay aves   aves carroñeras

hay aves
aves que dan vueltas en las plazas y en los parques
y otras aves que emigran
llegan a los pantanos cada verano

también hay personas
para las que esto es mucho
personas que se van
y hay personas que se quedan
en sus casas
en sus habitaciones
solas
las esperan

POST SCRIPTUM
(noventa-y-veinticuatro)

¿por qué tenemos que ir tan lejos para estar acá?
CHARLY GARCÍA

voy a tomar una fotografía de lima
mi propia fotografía
mientras me alejo de ella

levantaré el brazo y esta vez diré:
de imágenes ajenas no se sostiene algo en el tiempo

cada fotografía que he visto de ella parece la misma:
desde hace treinta años
todas las marchas parecen la misma
la misma consigna
con otras palabras

solo la violencia oscila
ahora la marcha canta:
qué feo debe ser
matar a un campesino para poder comer

pero las palabras en los periódicos son las mismas:
turba buscó confrontación[20]

---

[20] *Perú.21* (2011). Portada. Lima. 25 de noviembre.

prisión para revoltosos[21]
descansa en paz, chino[22]

pero qué importan las palabras
te diré
a ti que te escribí uno o siete poemas
te diré
perdón

qué importa un poema

una palabra:
perdón
yo dije
tú dijiste
él / ella / elle dijo
perdón

hay estados que dicen perdón
francia dijo perdón
alemania dijo perdón
reino unido dijo perdón
el vaticano dijo perdón

el dictador murió sin decir perdón
y el estado le dio honores de estado

---

[21] *Correo* (2015). Portada. Arequipa. 15 de abril.
[22] *Extra* (2024). Portada. Lima. 12 de septiembre.

y organizó el principal foro económico de
asia y el pacífico

y el primer día nos regaló otra fotografía:

en cierta plaza del paisaje de lima
hay un monumento a san martín
rodeado por un cordón de policías
ese día
delante de ellos
una niña sostenía una pancarta:
mi papá era chofer
lo mató un extorsionador cómplice de
un gobierno traidor

el único país es el de la infancia
dice barthes[23]

lima es dolorosamente bella para los que se
levantan al lado de mi casa
dice victoria[24]

pero qué importan las palabras
yo tendré otra fotografía
(y otro poema)

---

[23] Barthes, R. (1977). «La luz del sudoeste». *Incidentes*. La Marca, Buenos Aires.

[24] Guerrero, V. (2021). «First draft (a Robert Lowell, por mi vida bostoniana)», en Villacorta, C. (ed.) (2021). *Lima escrita, arquitectura poética de la ciudad 1970-2020*. Intermezzo tropical, Lima.

otra fotografía
apenas legible
porque siempre es molesta
la luz de lima

ÍNDICE

Esta primera edición de *Habitación persona sola*
se acabó de imprimir en Madrid, el día 8
de marzo de 2025, decimonoveno
aniversario del fallecimiento
de J. E. Eielson en Milán.